DIX JOURS A GÊNES

ET

HUIT JOURS A FLORENCE

PAR

E. F. GRIMALDI.

Paris — Imprimé par E. Thunot et Cᵉ, rue Racine, 26.

A ma Femme,

MA CHÈRE CAROLINE,

Hommage d'estime & d'amitié.

E. F. GRIMALDI.

DIX JOURS A GÊNES

ET

HUIT JOURS A FLORENCE.

DÉCEMBRE 1844.

Depuis Menton jusqu'à Gênes la route est passable lorsqu'il fait beau temps ; les torrents qui s'y trouvent de distance en distance permettent aux voyageurs de la suivre sans courir le risque d'être tout à fait mouillés; le seul désagrément qu'ils éprouvent dans l'hiver est d'avoir froid et de rencontrer des auberges où l'on ne trouve pas toujours ce qui est nécessaire aux besoins de la vie, et où l'on paye, assez souvent, fort cher. A chaque relai notre voiture était entourée d'une population curieuse et indiscrète, qui venait nous examiner effrontément et se placer jusque sous notre nez afin de s'assurer, sans doute, si les étrangers avaient des visages pareils aux leurs, et s'ils n'étaient pas d'une nature toute particulière. Chaque fois que le peuple génois s'approchait un peu trop de notre équipage, je m'empressais d'en baisser les stores pour me dérober à ses regards; pourtant rien, je pense, ne pouvait faire craindre aux voyageurs d'être insultés ni maltraités par cette population, car elle ne paraissait nullement hostile. Je remarquai que ces hommes forts et robustes ressemblaient très-peu à ceux de la France, auxquels le travail et l'activité procurent généralement l'aisance et la santé. Une foule de mendiants garnissent la route du pays et implorent l'assistance des voyageurs avec l'accent du désespoir et les haillons de la misère. Pendant notre repas un corps de musiciens de la ville où nous séjournâmes jugea à propos de nous donner une ou deux aubades afin de recevoir quelque argent pour subvenir à ses besoins, car l'indigence et la pauvreté ne manquent point dans ce pays. Savone est à peu près la seule ville que j'aie trouvé à mon goût, depuis la principauté de Monaco jusqu'à notre destination, où nous arrivâmes au bout de deux jours.

Gênes plait généralement lorsqu'on la contemple pour la première fois ; les souvenirs se réveillent de plus en plus, et l'histoire du passé vient présenter à la mémoire une foule d'événements et de faits curieux et importants attestés par des monuments d'une grande magnificence, qu'on est empressé de visiter. En arrivant à l'hôtel destiné aux étrangers, j'augurai mal des habitudes et des usages du pays, car nous fûmes obligés de monter cent quatre marches pour parvenir à notre appartement. La chambre que je devais habiter, d'une grandeur démesurée, était une véritable glacière dont les portes pouvaient à peine se fermer ; je crus un moment qu'il ne me serait pas possible d'y demeurer ; pourtant, après quelques instants de réflexions, je me décidai à m'y installer, quoique l'hiver commençât à se faire sentir assez rigoureusement.

A notre arrivée à Gênes, le gouverneur (*) de cette ville vint nous prier d'aller à un bal qu'il se proposait de donner à la noblesse du pays. Me trouvant fatigué du voyage de la nuit, je ne pus accepter son invitation. Le lendemain nous fûmes encore engagés à passer la soirée chez lui, mais sans aucune espèce de cérémonie, il s'agissait de réunir sa fille à la mienne et de faire jouer ensemble les deux enfants qui étaient âgés à peu près de neuf ou dix ans ; cette fois je me rendis à l'invitation du gouverneur, la regardant plutôt comme une petite visite de famille que comme une présentation à des personnes de haut rang élevées en dignités auprès desquelles il faut nécessairement conserver un peu les formes aristocratiques. Tout à coup un jeune virtuose se fit entendre et charma les nombreux auditeurs réunis chez le gouverneur ; tout en promenant mes regards sur l'assemblée et en

---

(*) Il venait de perdre sa femme, et le deuil était encore dans sa maison.

observant les différents personnages qui s'y trouvaient, j'aperçus une jeune femme dont les traits distingués et les manières nobles me firent une certaine impression. Après l'avoir abordée en lui faisant les compliments d'usage, je liai conversation avec elle tout aussitôt : l'entretien roula sur la musique, la littérature, la politique, la Russie et son empereur; je témoignai ensuite au virtuose combien j'avais été satisfait de l'entendre, et après m'être entretenu quelques minutes avec lui, il m'apprit que cette dame dont la figure et la conversation m'avaient tant charmé était une princesse russe et que son père servait l'autocrate Nicolas. Je continuai à parler à l'aimable femme qui m'écoutait complaisamment, et minuit sonna sans que je me fusse douté qu'il était aussi tard, tant la soirée m'avait paru de courte durée.

Je revis le lendemain la jeune princesse chez un des principaux habitants de Gênes, homme de goût et d'esprit (*), ainsi que le virtuose de la

(*) M. Dinégro.

veille qui chanta un air d'*Otello*. J'éprouvai une seconde jouissance en entendant cet artiste, chez lequel il y avait beaucoup d'avenir et déjà de rares qualités.

Gênes possède plusieurs monuments curieux et intéressants, tels que le palais des Doges et différentes églises somptueuses qui méritent d'être visitées; quant à la salle de spectacle, elle ressemble plutôt à une arène ou à un cirque des Romains qu'à un lieu destiné à représenter des pièces de théâtre. Certes, les chanteurs ont besoin d'avoir de bons poumons et de fortes voix pour parvenir à se faire entendre des spectateurs, qui, selon toute apparence, doivent être ordinairement peu nombreux. J'ai trouvé que cette salle de spectacle n'était guère en rapport avec la magnificence des autres monuments de Gênes; les pauvres artistes se consumaient en vains efforts afin de faire entendre un mauvais libretto sans pouvoir obtenir le plus mince applaudissement de spectateurs indifférents, frappés de glace, ayant en quelque sorte du sang de limaçon dans les veines. Au bout de vingt minutes environ, l'ennui et la fatigue me gagnèrent tellement, que je me décidai à quitter lespectacle pour aller prendre l'air et me reposer, car j'étais assez las de mes courses et de mes excursions.

Nous partîmes de Gênes pour aller à Florence; le voyage dura deux jours entiers. La ville de Pise, par où il fallut passer, me parut triste et monotone; j'admirai le beau pays de Toscane, ses riches cultures, ses montagnes garnies de pins, de bigarradiers, d'orangers, les ruisseaux qui coulent au milieu des vergers remplis de citronniers et de différents arbres rares et curieux. Nous apprîmes avec peine qu'un désastre avait eu lieu à Florence, qu'une inondation des plus fortes venait d'enlever en très-peu de temps à un grand nombre de personnes leurs récoltes et leur fortune; les pluies qui étaient tombées en abondance avaient tellement grossi l'Arno, fleuve sur lequel est situé Florence, qu'en quelques heures les villages et les campagnes voisines avaient été entièrement inondés. Fort heureusement il ne périt dans ce désastre que deux ou trois personnes, et encore par suite de leur imprudence; on assure que de misérables prêtres refusèrent l'entrée de leur église à un malheureux qui cherchait à s'y réfugier pour échapper à l'inondation dont les progrès étaient rapides, et qui périt faute de secours. Ces prêtres inhumains furent l'objet de l'indignation publique, et tous les amis de l'humanité se déclarèrent contre eux.

J'ai eu le bonheur dans cette ville des arts, cette Florence si délicieuse, si renommée, de faire la connaissance de Son Altesse Impériale le grand-duc de Toscane, qu'on peut à juste titre surnommer le père de ceux qu'il gouverne ; sa conduite envers les infortunés, victimes de l'inondation, est celle du meilleur des hommes. Quoique le fleuve fût encore très-fort, ce prince allait en bateau prodiguer des secours aux malheureux ruinés par le désastre ; tout à la fois humain et généreux, le grand-duc de Toscane donna une somme considérable sur sa fortune particulière pour adoucir les peines de ceux qui, s'étant endormis dans l'aisance, se réveillaient sans posséder une obole. De tous côtés on ne rencontrait que des fourgons chargés de vivres et d'effets à l'usage des gens privés de ressources. Le grand-duc honore non-seulement les souverains de l'Europe, mais encore l'humanité ; je me plais à publier ici ses bonnes et généreuses actions. Heureuse, cent fois heureuse la Toscane de posséder un prince si digne à tous égards de son respect et de son amour ! elle ne peut que prospérer sous un gouvernement aussi juste et aussi bienveillant que le sien.

J'avais, depuis quelque temps, le désir d'aller à Florence pour rendre visite au grand-duc, dont le nom n'est prononcé partout qu'avec éloge. Aussitôt arrivés dans cette ville, notre premier soin fut de le faire informer que nous désirions lui être présentés ; le ministre de sa maison s'empressa donc de venir m'annoncer (*) qu'il était prêt à me recevoir ainsi que ma famille. Nous allâmes de suite saluer Son Altesse Impériale, dont l'aimable accueil et la réception bienveillante me plurent infiniment ; la grande-duchesse

(*) Nous logeâmes à l'hôtel de la Grande-Bretagne, où les voyageurs sont parfaitement bien traités.

de Toscane se joignit à son mari pour nous engager à aller au spectacle et à accepter sa loge afin d'entendre la *Lucrezia Borgia*, opéra de Donizetti, chanté par des amateurs de haut rang qui devaient le lendemain donner une représentation lyrique au profit des inondés de Florence. Certes on ne pouvait faire un meilleur usage de ses talents que de les employer à secourir des infortunés. L'opéra de la *Lucrezia Borgia* fut chanté par la princesse Élisa Poniatowski, Giuseppe Poniatowski, les princes Carlo Poniatowski et autres personnages à peu près du même rang. Ce fut une chose extraordinaire, prodigieuse, d'entendre un opéra exécuté par des amateurs nés en quelque sorte artistes et produisant une illusion si étonnante pour des personnes qui ne faisaient pas profession de paraître devant le public et qui n'avaient point l'habitude de se soumettre à sa critique. Il me semblait assez drôle, au milieu de la représentation, de voir que les spectateurs, oubliant quelquefois, dans leur enthousiasme de dilettanti, qu'ils applaudissaient des princes et des personnages titrés, n'hésitaient pas à redemander à grands cris aux artistes-amateurs, les airs, les duos, les trios qui leur plaisaient, sans s'inquiéter aucunement s'ils n'éprouvaient point quelque fatigue à faire valoir devant eux leurs talents lyriques durant l'espace d'environ trois heures au moins. J'ai applaudi la princesse Élisa Poniatowski dont les manières nobles et la grâce parfaite m'ont enchanté et ravi (*). J'aurais désiré malgré tout que les acteurs ne saluassent pas si souvent le public, car dix minutes ne s'écoulaient point sans qu'ils s'inclinassent à plusieurs reprises devant lui pour le remercier de ses bravos et de ses applaudissements. On ne cessait d'offrir des couronnes de fleurs aux artistes et de les redemander à la fin de chaque acte.

Après le spectacle, les chanteurs furent rappelés à grands cris par le public afin de recueillir non-seulement les applaudissements dus à leurs talents distingués, mais encore de recevoir le prix de leur dévouement à la cause de l'humanité.

(*) Les chœurs étaient chantés par les élèves du Conservatoire.

Tous les cœurs étaient émus, attendris, et cet appel fait à la générosité et à la philanthropie de familles riches et puissantes est bien digne d'un peuple qui s'unit à notre France pour secourir les malheureux. Le surlendemain de la représentation, on s'empressa de renouveler l'œuvre de bienfaisance en donnant encore la *Lucrezia Borgia*. Cette fois nous désirâmes aussi participer à cette bonne action, et nous louâmes une loge au théâtre de la Pergola afin d'être à même, comme tant d'autres, de concourir à soulager les pauvres inondés. Le grand-duc nous invita à dîner, mais sans étiquette ni trop de cérémonie. On me plaça à côté de la grande-duchesse, dont la conversation intéressante et la gaieté contribuèrent à mettre les convives à leur aise et à bannir en quelque sorte la contrainte et la froideur qui règnent généralement dans les dîners de représentation et d'apparat.

J'ai trouvé les Florentins bons, aimables et gracieux. En parcourant une des grandes rues de Florence qui vient aboutir à l'un des ponts de cette ville, une bouquetière jeune, jolie et bien faite se présenta devant moi pour m'offrir des fleurs. La grâce toute particulière qu'elle mit à me fleurir n'est pas sortie de ma mémoire. Mon premier mouvement fut de porter la main à la poche afin de lui remettre quelque monnaie en retour de son cadeau, mais elle me refusa en articulant assez bien pour une Florentine ces mots français : *Vous me donnerez une autre fois*. Je n'insistai pas alors, me promettant à la prochaine occasion de faire accepter plusieurs paules (*) à l'aimable et jolie bouquetière.

Nous visitâmes successivement tous les monuments de la ville des arts, de cette patrie de Machiavel où il s'est passé tant d'événements curieux et remarquables, surtout pour le poëte et l'historien. La galerie des Médicis, particulièrement, fixa mes regards ; ses statues et ses tableaux me ravirent, quoique je n'aie pu les admirer qu'à peu près vingt à trente minutes, à cause du froid excessif qu'il faisait dans les ga-

(*) Monnaie du pays.

leries. La bibliothèque du grand-duc m'a plu infiniment : riche de manuscrits rares et précieux, elle renferme quatre-vingt mille volumes, dont cependant la plupart sont des traductions. J'ai contemplé l'écriture de Machiavel, du Dante, de Pétrarque, etc., etc., etc. Quant à la bibliothèque publique, elle est vaste et contient beaucoup de livres, mais je l'ai trouvée très-inférieure à celle du grand-duc. On a élevé à Galilée une statue autour de laquelle sont placés les instruments scientifiques qui l'ont aidé à faire ses admirables découvertes ; j'ai salué avec respect la statue de celui dont le génie a contribué à éclairer le monde. En visitant chaque monument, mon imagination ne cessait de travailler ; le passé, présent à ma mémoire, me faisait réfléchir à des choses singulières et bizarres que je ne pouvais parvenir à m'expliquer. Cependant cette belle Florence, qui venait presque d'être submergée, ne doit, il me semble, attirer ses admirateurs que dans le printemps ou l'automne ; j'y ai eu presque aussi froid qu'à Paris, mais il faut dire que nous visitions cette ville au commencement du mois de décembre, saison pluvieuse et humide, peu agréable pour voyager.

Le commerce ne manque pas à Florence. Les libraires, les marchands de curiosités, de gravures, de tableaux et autres objets d'art, vendent beaucoup aux étrangers ; on y trouve à peu près tout ce qu'on peut désirer pour les besoins de la vie. De notre hôtel, situé au bord de l'Arno, nous pouvions découvrir différentes campagnes voisines et les montagnes environnantes qui forment un paysage délicieux. Un appartement commode et un confortable plus que suffisant contribuaient à nous rendre le séjour de Florence fort agréable ; cette ville se ressentit quelque temps des désastres causés par l'inondation ; nombre d'individus furent occupés à nettoyer les rues, les quais et les places, afin d'en rendre la circulation plus facile à ses habitants et aux étrangers.

Une grande activité règne dans Florence, où il y a très-peu de mendiants et beaucoup de gens occupés. On s'aperçoit aisément qu'un gouvernement sage, protecteur, veille aux intérêts de chacun. Une liberté raisonnable permet aux Florentins d'avoir les livres et les journaux de toute espèce ; ils possèdent un théâtre français et un opéra, ce qui contribue à répandre parmi eux le goût de la littérature et des arts. Les églises de Florence sont remarquables par leur luxe et leur somptuosité; j'ai admiré particulièrement dans l'une d'elles un portrait du Christ à l'âge de vingt ans, dont je ne pouvais détacher mes regards tant j'éprouvais de plaisir à le contempler. Cette église, remarquable par son intérieur et sa coupole, réunit la grâce à l'élégance, ses statues surtont excitent l'admiration des étrangers ; le pont qui y conduit est célèbre dans l'histoire de Florence par plusieurs événements sinistres. A diverses époques de malheureux amants réduits au désespoir, trahis par l'objet de leur amour, et voulant terminer une vie qu'ils ne pouvaient plus supporter, couraient se précipiter du haut de ce pont où l'on a établi un corps de garde afin de prévenir de nouveaux malheurs. La vue en est fort belle, on y découvre au loin un paysage des plus délicieux. Quant à la cathédrale de Florence, elle se fait remarquer davantage à l'extérieur qu'à l'intérieur ; ce monument bizarre étonne par la singularité de son architecture et de ses proportions. Je regrette de n'avoir pu l'admirer lorsqu'un beau soleil l'éclaire de ses rayons.

Malgré tout mon enthousiasme pour la ville des arts et pour ce qu'elle renferme de curieux et d'intéressant, la jolie bouquetière n'était pas sortie de ma mémoire ; je la cherchais de temps en temps afin de reconnaître son aimable attention en lui offrant quelques paules. Le hasard me la fit rencontrer un matin dans le même quartier où elle m'avait fleuri si gracieusement ; mon premier soin fut de remettre trois ou quatre pièces de monnaie à cette jeune fille, qui, en les acceptant, voulut encore me donner des fleurs, désirant, je pense, ne pas être en reste avec moi. Un certain genre de noblesse et de dignité était répandu dans toute sa personne, et on remarquait chez elle autant de distinction que de générosité.

En parcourant chaque jour Florence, mon imagination s'échauffait davantage lorsque je songeais à tous les événements divers dont cette ville avait été le théâtre. La noblesse surtout, autrefois si hautaine, si ambitieuse, dont le peuple se vengea en lui faisant subir tant d'humiliations, revenait sans cesse à mon esprit. Le souvenir de Machiavel, de Michel-Ange, du Dante, de Lully, qui naquirent à Florence ainsi que d'autres personnages illustres, me poursuivait toujours au milieu de mes promenades pédestres.

Avant de quitter cette ville des arts, il fallut aller faire nos adieux au grand-duc, qui s'empressa de nous rendre visite ainsi que sa femme. Leurs bonnes et aimables figures vinrent encore une fois s'offrir à nos regards. Pourtant j'éprouvai quelques regrets en pensant que huit jours s'étaient écoulés si promptement dans la charmante cité dont je conserverai éternellement le souvenir. Nous suivîmes la rivière de Gênes et prîmes ensuite le chemin de Menton (*). La température froide et humide annonçait que les montagnes se trouvaient couvertes de neige et que les passages étaient assez difficiles dans la

(*) La bouquetière nous ayant vus partir, s'élança à la portière de notre voiture pour m'offrir encore des fleurs qui tombèrent sur nos genoux.

contrée qu'il nous restait à parcourir; au bout de peu de temps, ma famille et moi nous arrivâmes à notre destination. Je me rappelais Florence, le grand-duc, et les jours heureux que j'avais passés dans un pays où j'ai éprouvé de si délicieuses sensations.

www.ingramcontent.com/pod-product-compliance
Lightning Source LLC
LaVergne TN
LVHW020453230826
846091LV00008BA/3181

9782013671019